Anselm Grün

Du wirst gehalten

Anselm Grün

Du wirst gehalten

Vier-Türme-Verlag

Bibliographische Information der Deutschen Nationalbibliothek

Die Deutsche Nationalbibliothek verzeichnet diese Publikation in der Deutschen Nationalbibliographie. Detaillierte bibliographische Daten sind im Internet über http://dnb.d-nb.de abrufbar.

1. Auflage 2015
© Vier-Türme GmbH, Verlag, Münsterschwarzach 2015
Alle Rechte vorbehalten

Lektorat: Andrea Langenbacher
Umschlaggestaltung: Andrea Göppel, Augsburg
Umschlagfoto: Andrea Göppel, Augsburg
Druck und Bindung: Pustet, Regensburg

ISBN 978-3-89680-955-1
www.vier-tuerme-verlag.de

INHALT

Einführung

Viele Menschen sehnen sich nach Halt und Beständigkeit in unserer Zeit, in der Flexibilität und Anpassungsfähigkeit in einer sich rasch verändernden Welt von vielen Seiten gefordert wird.

Ich möchte Ihnen, liebe Leser, liebe Leserinnen, in diesem Buch gute Gedanken mit auf den Weg geben und Sie einladen, nachzuspüren, was Ihnen Halt und Kraft verleiht, um im alltäglichen Leben, aber auch in den unvermeidbaren Krisen des Lebens aus diesen Kraftquellen schöpfen zu können.

Wurzeln geben festen Halt

Biblische Bilder

Wurzeln verleihen Halt und Beständigkeit. Doch es kommt auch auf den Boden an, in den die Wurzeln eingepflanzt sind. Der gute Boden ist für die Bibel der Boden der Gerechtigkeit, in den Gott den Menschen einpflanzt und in den Gott auch das Volk Israel eingepflanzt hat. Es gibt aber auch Menschen, deren Wurzeln nur scheinbar tief im Boden verankert sind. Ihre Wurzeln wachsen jedoch nicht tief in den Boden, sondern diese Menschen krallen sich mit ihren Wurzeln an Steinen fest.

Alles nützt nichts, wenn diese Menschen gegen Gott rebellieren. Dann reißt sie Gott samt ihrer Wurzel heraus. So heißt es zum Beispiel im Alten Testament im Buch Hiob:

Der Ruchlose (...) steht im Saft vor der Sonne,
seine Zweige überwuchern den Garten,
im Geröll verflechten sich seine Wurzeln,
zwischen den Steinen halten sie sich fest.
Doch Gott tilgt ihn aus an seiner Stätte,
sie leugnet ihn: Nie habe ich dich gesehen.
HIOB 8,16–18

Ein anderes Bild beschreibt den Frevler so:

Von unten her verdorren seine Wurzeln,
von oben welken seine Zweige.
HIOB 18,16

Wer seine Wurzeln verleugnet, der schneidet sich selbst vom Leben ab. Die Bibel ist überzeugt, dass uns auch das destruktive Verhalten – dafür steht der Ausdruck Frevler – von unseren gesunden Wurzeln abschneidet. Wir verhalten uns nicht so, wie es unseren Wurzeln, wie es unserem Wesen entspricht.

Hiob hatte von sich geträumt, dass seine Wurzeln bis an das Wasser reichen (vgl. Hiob 28,19). Das ist ein Bild des fruchtbaren und gelingenden Lebens. Ähnlich heißt es im Buch der Sprichwörter vom gerechten Menschen:

Wer Unrecht tut, hat keinen Bestand,
doch die Wurzel der Gerechten sitzt fest.
SPRICHWÖRTER 12,3

Eine feste Wurzel, die dem Stamm Halt gibt und ihn mit dem nötigen Lebenssaft versorgt, ist Bild für einen Menschen, der richtig lebt, der sich nach Gottes Weisung ausrichtet und so seinem Wesen gerecht wird. Die feste Wurzel beschreibt einen Menschen, dessen Leben Frucht bringt und der zum Segen für andere wird. Die Psalmen vergleichen das Volk Israel mit einem Weinstock, den Gott eingepflanzt hat:

Du schufst ihm weiten Raum;
er hat Wurzeln geschlagen und das ganze
Land erfüllt.
PSALM 80,10

Israel hat tiefe Wurzeln geschlagen, doch weil es sich gegen Gott verfehlt hat, wurde sein Weinstock verwüstet, sein Baum abgeschlagen. Gott gibt dem Volk eine neue Verheißung:

Aus dem Baumstumpf Isais wächst ein Reis
hervor, ein junger Trieb aus seinen Wurzeln
bringt Frucht.
JESAJA 11,1

Israel sah in diesem Vers die Verheißung des kommenden Messias. Von ihm heißt es:

An jenem Tag wird es der Spross aus der
Wurzel Isais sein, der dasteht als Zeichen für

Gerade

in den Situationen,

in denen etwas in uns

abgeschnitten wird,

kann aus der Wurzel

etwas Neues

entstehen.

die Nationen; die Völker suchen ihn auf; sein
Wohnsitz ist prächtig.
JESAJA 11,10

Der Prophet Jesaja ist überzeugt, dass das Heil nicht einfach aus einem prachtvollen Baum herauswächst. Es sind gerade die Brüche und die abgehauenen Bäume, aus deren Wurzeln das Heil entspringt. Das ist eine Verheißung auch für unser Leben. Auch wenn manches in die Brüche geht, so bleiben doch unsere Wurzeln in der Erde. Aus ihnen kann immer wieder neues Heil entstehen.

Der Messias, der uns Heil bringt, ist zugleich ein Bild für unser Leben: Gerade in jenen Situationen, in denen etwas in uns abgeschnitten wird, kann aus der Wurzel etwas Neues entstehen. Umso wichtiger ist es, die Wurzeln in der Erde zu belassen und sie zu schützen. In ihnen steckt die Verheißung, dass auch in uns immer wieder etwas Neues aufblühen kann.

Was die Bibel mit dem Bild des Messias, der aus dem abgeschnittenen Wurzelspross hervorgeht, beschreibt, das erlebe ich immer wieder in der geistlichen Begleitung. Da begegne ich Menschen, die eine schwierige Kindheit hatten. Aber sie bewältigen ihr Leben trotzdem. Offensichtlich haben sie tiefe Wurzeln, aus denen sie selbst in dürren Wüstenzeiten ihre Lebenskraft beziehen können.

Eine afrikanische Geschichte zeigt, dass gerade die Schwierigkeiten und Verletzungen von außen uns manchmal zwingen, unsere Wurzeln tiefer zu graben. Die Geschichte erzählt von einem bösen Mann, der einer jungen Palme einen schweren Stein auf ihre Krone setzte, um ihr zu schaden. Doch als er nach Jahren wieder kam, war ausgerechnet diese Palme die größte und schönste unter allen Palmen. Denn der Stein hatte sie gezwungen, ihre Wurzeln tiefer zu graben.

Wer von außen verletzt wird, entwickelt oft die Energie, seine Wurzeln nicht nur in die Tiefe seiner Geschichte hineinzugraben, sondern noch tiefer, in den Wurzelgrund Gottes. Er durchbricht die rein psychologische Ebene. Seine Wurzeln graben sich tief in die göttliche Ebene hinein.

Dort erhält er eine Kraft, die seinen Baum höher und schöner wachsen lässt als andere.

Übung

Um Ihre Wurzeln zu spüren, lade ich Sie zu einer Übung ein. Halten Sie Ihre Hände in Form einer Schale vor sich hin und schauen Sie in Ihre Hände hinein.

Wer in der Hand lesen kann, kann die Lebenslinie, die Gesundheitslinie und die Beziehungslinie entdecken. Diese Linien zeigen, was sich in meine Hände eingegraben hat. Die Hände offenbaren mir meine Wurzeln.

Was hat Gott mir in die Hand gelegt? Welche Fähigkeiten hat er mir geschenkt – vielleicht Kraft, Klarheit, Zärtlichkeit, Kreativität? Was können diese Hände gut? Können sie gut zupacken, arbeiten, handeln, streicheln,

Trost spenden, Halt geben, auffangen,
Geborgenheit schenken? Gott selbst
hat all das in meine Hand gelegt.

Und in meine Hände hat sich auch
etwas von meinem Vater, meiner
Mutter hineingegraben. Bei manchen
sagen wir: Der hat Hände wie der
Vater, wie die Mutter, wie der Groß-
vater, wie die Großmutter. In unseren
Händen verdichtet sich, was unsere
Wurzeln ausmacht.

Halten Sie Ihre Hände Gott hin und
danken Sie Gott für all das, was er
Ihnen in die Hände gelegt hat.

Was die Natur uns sagt

Ab dem 1. November eines Jahres – so sagen die Leute, die sich mit Heilkräutern auskennen – dürfe man keine Wurzeln mehr ausgraben. Die Heilkräuter sollen in der stillen Winterzeit mit ihren Wurzeln die heilende Kraft aus dem dunklen Erdreich ziehen.

Die Wurzeln brauchen die Stille der Erde, aber auch die mütterliche Kraft, die das Erdreich hervorbringt. Sie wollen in Ruhe gelassen werden, damit sie in der Dunkelheit der Erde Kraft schöpfen können. Ab dem 1. November galten die Wurzeln als etwas Heiliges, das man nicht anrührte, sondern voll Ehrfurcht in der Erde ließ.

Die Biologie sagt uns, dass die Wurzeln einerseits die Pflanze im Boden verankern und andererseits aus der Erde Wasser und darin gelöste Nährsalze aufnehmen, um die Pflanze zu nähren. Die Wurzeln geben aber auch Stoffe in die Erde ab und tun daher auch dem Boden gut.

Die Wurzeln sind zugleich gefährdet. Schadpilze können sie befallen und einen Wurzelbrand oder Wurzelfäule bewirken. Und Wurzelfliegen können den Wurzeln schaden.

Im Märchen »Der Teufel mit den drei goldenen Haaren« muss ein Knabe – das Glückskind einer armen Frau – ein Rätsel lösen. Er muss herausfinden, warum ein Baum, der sonst goldene Äpfel trug, jetzt nicht einmal mehr Blätter hervortreibt. Der Teufel gibt ihm die Lösung: An der Wurzel nagt eine Maus, wenn man die tötet, wird er wieder goldene Äpfel tragen. Nagt sie aber noch länger, so verdorrt der Baum gänzlich.

Wer seine Wurzeln verleugnet,

der schneidet

sich selbst

vom Leben ab.

Was uns die Naturwissenschaft sagt und was das Märchen zum Ausdruck bringt, sind Bilder für unser Leben. Auch unser Lebensbaum hat Wurzeln, die ihn nähren. Aber unsere Wurzeln sind gefährdet durch Schädlinge oder durch eine Maus, die daran nagt.

Die Maus steht im Traum immer für Sorgen, die an uns nagen. Und die Maus steht für die Zweifel. Viele zweifeln daran, dass ihre Wurzeln tragen. Sie verbinden mit ihren Wurzeln zu viele negative Erfahrungen, die sie in der Kindheit gemacht haben.

Doch wenn wir den Wurzeln nicht trauen, die wir von unseren Vorfahren und die wir von Gott mitbekommen haben, dann werden sie angenagt. Und dann kann unser Lebensbaum keine goldenen Äpfel mehr tragen. Dann verdorrt er.

Die Natur war die erste Lehrmeisterin der Menschen. Die Menschen haben seit jeher in der Natur ein Bild für ihr eigenes Leben gesehen. Das Werden und Vergehen der Natur wurde ein Bild für das Annehmen und das Loslassen, welches das menschliche Leben prägt. Der Mensch wächst nicht nur heran – er wächst in die Gestalt hinein, die Gott ihm zugedacht hat –, wenn er sich annimmt und immer wieder loslässt.

Die Heilkräuter waren für die Menschen auch ein Symbol für ihre eigene Menschwerdung. Die Königskerze beispielsweise vermittelte ihnen etwas von ihrer Würde als Mensch. Die Rose verwies sie auf das Geheimnis der Liebe, das in ihrem Inneren ist.

Und die Wurzeln der Heilkräuter und die Wurzeln der Bäume und Sträucher wurden zum Symbol für das eigene Leben. Die Menschen wussten, dass sie gute Wurzeln brauchen, damit ihr Lebensbaum aufblühen kann und damit das Heilende in ihnen Nahrung findet.

Aber ihnen war auch bewusst, dass ihre Wurzeln gefährdet sind. Wir Menschen können uns selbst zerstören, wenn wir nur um die eigenen Probleme kreisen. Aber auch Schädlinge von außen – etwa die Kränkungen, die uns Menschen antun – können diese Wurzeln schädigen.

Heute ist es auch die Mobilität, die an unseren Wurzeln nagt. Wer zu oft seinen Wohnsitz wechselt, wer an keinem Ort Heimat findet, der tut sich auch schwer mit seinen Wurzeln. Er hat das Gefühl, keine Wurzeln zu haben. Er muss sich immer wieder an den jeweiligen Ort anpassen. Aber es fehlen ihm die Wurzeln, die ihn nähren und stärken.

Die Menschen wussten schon

immer, dass sie

gute Wurzeln brauchen,

damit ihr Lebensbaum

aufblühen kann.

Daher glaubten die Menschen der Frühzeit, dass Wurzeln eine schützende Zeit brauchen, damit sie heilende Kraft aus der Erde ziehen können. Diese schützende Zeit ist die Zeit vom 1. November bis zum 2. Februar. In diesen drei Monaten gehören die Wurzeln der Mutter Erde. Für uns Christen ist dies eine Ermutigung, dass wir uns in dieser Zeit in der Stille Gott anvertrauen, damit er unsere Wurzeln stärke und reinige.

Die frühe Kirche hat die Sehnsüchte der Menschen aufgegriffen, die diese mit der Natur verbanden. Sie hat auf den 1. November das Fest Allerheiligen gesetzt, damit wir in den Heiligen unsere Wurzeln finden, und auch des Namens gedenken, den wir tragen. Und sie hat auf den 2. November das Fest Allerseelen gelegt, damit wir in unseren Verstorbenen unsere Wurzeln entdecken.

Unsere menschlichen Wurzeln liegen in der Geschichte unserer Vorfahren. Beide Feste antworten auf jene Sehnsüchte, die die Menschen in früheren Zeiten mit den Wurzeln verbunden haben:

Die Zeit vom 1. November bis zum 2. Februar ist eine besondere Schutzzeit für unsere Wurzeln. Die Zeit bis zum 2. Februar war für die Römer die Zeit, in der sie die Tochter der Ceres, der Göttin des Wachstums, in der Unterwelt wussten. So war dies die Zeit, in der das Wachstum unter der Erde besonders gesegnet war. In dieser Zeit ist es wichtig, dass wir uns an unsere Wurzeln erinnern und mit ihnen in Berührung kommen.

Viele Menschen haben heute ihre Wurzeln verloren. Sie sind sich ihrer Wurzeln nicht bewusst. Sie versuchen, nur in der Gegenwart zu leben, ohne ihre Vergangenheit zu reflektieren. Sie sind gleichsam von der Vergangenheit abgeschnitten.

Wer aber seine Wurzeln nicht kennt, der weiß nicht, was sein Lebensbaum braucht, um in seine Gestalt hineinzuwachsen.

Unsere Vorfahren
tragen uns

Das Fest Allerseelen lädt uns ein, uns unserer Wurzeln bewusst zu werden, die wir von unseren Vorfahren haben. Es gibt verschiedene Wege, sich an die eigenen Wurzeln heranzutasten. Ich kann beispielsweise die Bilder meiner Eltern und Großeltern und – falls ich sie noch habe – meiner Urgroßeltern anschauen.

Ich kann diese Bilder meditieren: Wo finde ich Ähnlichkeiten? Was erkenne ich in den Bildern? Was spiegeln die Gesichter wider? Wie haben meine Vorfahren ihr Leben gemeistert? Ist da eine Ausstrahlung von Gelassenheit und Zuversicht oder von Angst und Härte und Enge? Spüre ich in den Gesichtern Weisheit und Milde oder Oberflächlichkeit und Starre?

Manchmal entdecken wir gerade in den Bildern von Großeltern und Urgroßeltern Gemeinsamkeiten mit uns und unseren Geschwistern. Wenn wir diese Ähnlichkeit entdecken, dann fragen wir uns: Was hat diese Frau, dieser Mann repräsentiert? Was weiß ich von ihm? Was haben meine Eltern oder Großeltern von ihm oder ihr erzählt?

Wenn ich die Bilder meiner Eltern und Großeltern anschaue, dann sehe ich mich darin selbst wie in einem Spiegel. Ich erkenne immer auch etwas von mir in den Gesichtern meiner Vorfahren. Indem ich die Bilder meditiere, schaue ich in das Geheimnis meiner eigenen Seele. Und ich entdecke in mir Wurzeln, die mir bisher so noch nicht bewusst waren.

Ich kann auch nach der Lebensphilosophie meiner Vorfahren fragen: Wie haben sie ihr Leben bewältigt? Wie sind sie durch die Krisen und Konflikte hindurchgekommen? Was hat sie in Zeiten von Armut und Krankheit, von Krieg und Flucht getragen?

Ich kann bei meinen Vorfahren Zähigkeit und Kraft entdecken und darauf vertrauen, dass etwas von dieser Kraft auch in mir ist. Ich habe teil an ihren Wurzeln. Was weiß ich von ihrer Geschichte? Und was weiß ich von ihrer Lebensphilosophie?

Um die Lebensphilosophie meiner Vorfahren zu entdecken, wäre es wichtig, Geschichten zu erzählen, die mir meine Eltern von den Großeltern erzählt haben. Solche Geschichten bringen uns den Großeltern und auch den Urgroßeltern näher. Und es ist gut, wenn die Geschwister untereinander über ihre verstorbenen Eltern reden und sich im Gespräch an manches erinnern.

Wenn ich im Urlaub mit meinen Geschwistern abends noch bei einem Glas Wein zusammensitze, sprechen wir oft über verschiedene Erlebnisse mit unseren Eltern. Dabei wird uns deutlich, was unsere Eltern ausgemacht hat, wie sie gelebt und ihr Leben gemeistert haben. Und wir erkennen, welche typischen Redeweisen sie hatten. An ihren Lieblingsworten wird uns deutlich, aus welcher Lebensphilosophie und Lebenseinstellung heraus sie gelebt haben.

Mein Vater hatte auch immer typische Sätze zur Hand. Manchmal haben wir als Jugendliche darüber gelacht. Heute geht uns die Weisheit seiner Sätze auf. Er sagte immer wieder: »Man muss jedem mit wohlwollender Güte begegnen.« Diese Formulierung fanden wir zu blumig. Aber er hat im Umgang mit den Kunden seines Elektrogeschäfts und mit den Menschen in der Pfarrei diese Grundhaltung verwirklicht.

Wenn wir manchmal am Tisch über andere Leute redeten und über sie herzogen, dann wurde er immer streng: »Über andere redet man nicht.« Diese Grundhaltung meines Vaters wirkt heute noch in mir weiter. Wenn ich von Medien über andere Menschen gefragt werde, antworte ich ähnlich wie mein Vater: »Ich rede nicht über andere, weil ich sie nicht kenne. Ich maße mir kein Urteil über andere an, weil ich ihre Geschichte und ihre Motive nicht kenne.«

Meine Mutter meinte oft: »Man darf nie die Hoffnung verlieren.« Und wenn es schwierig wurde im Leben, sagte sie mit einer optimistischen Grundhaltung: »Jeder muss halt sein Kreuz tragen.« Und sie sagte: »Man darf nie aufgeben. Es gibt immer noch einen Weg.« Ich bin dankbar für diese optimistische Grundhaltung meiner Mutter. Sie ist für mich eine Wurzel, die mir immer dann Kraft gegeben hat, wenn es im Leben schwierig wurde. Und die praktische Art meiner Mutter hat mich ermutigt, nicht zu jammern, sondern die Dinge anzupacken.

Ein anderes Wort meiner Mutter, das sie im Alter oft sagte, war: »Man soll mit warmen Händen geben.« Damit meinte sie: Solange wir leben, sollten wir anderen geben und schenken, was wir empfangen haben.

Sie kommentierte mit diesen Worten die Verhaltensweisen von Menschen, die sich an ihrem Besitz festklammerten und meinten, sie könnten ihn dann ihren Kindern vererben. Aber das führt meistens nur zu Streit. Und es macht den Menschen nicht glücklich. Geben zu können war für meine Mutter etwas Wichtiges. Sie war glücklich, wenn sie andere beschenken konnte.

Wenn ich diese Worte meiner Eltern meditiere und wenn ich über ihre Lebenseinstellung nachdenke, spüre ich, wie viel positive Grundhaltung sie mir vermittelt haben. Die Wurzeln, die ich von ihnen empfangen habe, waren gesund. Und sie sind der Grund für das, was ich heute leisten kann. Ich verbrauche nicht so viel Energie mit Jammern und ängstlichem Starren auf die Probleme. Dank der Wurzeln meiner Eltern gehe ich die Dinge an, die anstehen.

Auch im Gespräch mit Mitbrüdern und mit den Menschen, die ich begleite, erfahre ich oft typische Sätze, die ihre Vorbilder oder Vorfahren geprägt haben. Unser früherer Abt Burkard Utz in Münsterschwarzach hat sich immer dann, wenn etwas Schwieriges auf ihn zukam, den Satz vorgesagt: »Wie's kommt, wird's g'fressen.« Das hat ihm die Kraft gegeben, die Dinge einfach anzunehmen und mit der jeweiligen Herausforderung pragmatisch umzugehen. Statt zu jammern, hat er angepackt.

Ein junger Mann erzählte mir, dass sein Vater bei allem Schweren, das er zu erledigen hatte, sich immer vorsagte: »In Gottes Namen!« Dieser Ausruf hat ihm Mut gemacht, die Dinge anzupacken.

Unser Buchhalter in der Klosterverwaltung in Münsterschwarzach zitiert immer wieder seinen Vater und Großvater. Deren Lebensweisheit drückt sich beispielsweise in folgendem Satz aus: »Die größten Kreuze machen wir uns selbst.« Und von seinem Vater, der als Landwirt gelernt hat, hart zu verhandeln, hat er gelernt: »Man muss dem, mit dem man verhandelt, auch später noch in die Augen schauen können.« Ich darf den anderen nie über den Tisch ziehen, sondern will ihn immer so achten, dass ich ihm später gerne begegne und wir uns an das Verhandlungsgespräch gerne zurückerinnern.

Jeder von uns kennt solche Weisheitssätze seiner Eltern und Großeltern. Oft sind es auch Sprichwörter, die sie gerne zitieren: »Es ist noch kein Meister vom Himmel gefallen.«

Oder: »Ohne Fleiß kein Preis.« Mit solchen oder anderen Sprichwörtern haben die Vorfahren ihr Leben bewältigt.

Die Grundhaltungen der Vorfahren

Es sind aber nicht nur die Sätze, die die Lebensphilosophie unserer Vorfahren zum Ausdruck bringen. Es ist auch ihre Grundhaltung. Bei meinem Vater spürte ich die Grundhaltung der Freiheit. Er war ein freiheitsliebender Mensch. Er hat auch viel gewagt. Er ist aus einer sicheren Stellung, die er als Kaufmann in einem Bergwerk in Essen-Katernberg hatte, völlig ungesichert ins katholische Bayern gezogen. Denn er hat sich geärgert, dass er an einem katholischen Feiertag wie Dreikönig arbeiten musste.

Meinem Vater war der Glauben wichtiger als die äußere Sicherheit. Er hat viel gewagt und ohne jede Mittel ein Geschäft aufgebaut.

Er war allergisch gegenüber bürokratischen Schikanen von Behörden. Gegen solche konnte er mit allen Mitteln kämpfen. Diese Haltung gegenüber kleinlichen Vorschriften habe ich von ihm geerbt.

Und von ihm habe ich sicher auch die religiöse Suche übernommen. Mein Vater hat immer religiöse Bücher gelesen und ist jeden Tag in die Eucharistiefeier gegangen. Das war für ihn selbstverständlich. Er hat es von uns nicht verlangt. Aber wir spürten, dass ihn das trägt. Und so trägt es auch uns heute noch. Alle meine Geschwister sind noch in der Kirche engagiert.

Bei meiner Mutter spürte ich auf der einen Seite eine Art »Bauernschläue«. Sie stammte aus einem Bauernhof in der Eifel. Sie hatte eine alltägliche Klugheit, die sie im Leben zeigte. Und sie hatte immer eine optimistische Grundhaltung, die sie nie verzagen ließ. Bis

ins hohe Alter hinein war sie bereit, weiterzu-
lernen. Sie war offen für neue Entwicklungen.
Sie hat nichts dogmatisch gesehen, sondern
immer nur von ihrem Herzen her gehandelt.
Sie hat ihrem Gespür getraut und sich nicht
von dogmatischen Engführungen davon ab-
halten lassen, das zu tun, was sie als richtig
empfand. Für sie war ihr Elternhaus zu eng.
Sie ging daher in ein benachbartes Dorf, um
Verkäuferin zu lernen. Und sie wagte es, aus
dem kleinen Eifeldorf ihrem Mann nach nur
einem halben Jahr Freundschaft in die ferne
Großstadt München zu folgen.

Der Bruder meines Vaters war Mönch in der
Abtei Münsterschwarzach. Mit ihm habe ich
oft vor und nach meinem Klostereintritt kor-
respondiert. Wenn mich die Enge der Gemeinschaft oder der Ausbildung geärgert hat,
habe ich ihm geschrieben. Ich beklagte, wie
kleinkariert die Gemeinschaft sei und wie we-
nig sie für die Ausbildung tue. Er schrieb

dann immer zurück und verteidigte die Gemeinschaft. Aber er kämpfte auch dafür, dass wir eine gediegene theologische und philosophische Ausbildung bekamen.

Als er aus der Jugendbewegung ins Kloster eintrat, hat mein Onkel auch für mehr Offenheit gekämpft. Er konnte es nicht haben, wenn Theologiestudenten träge waren und nur das Nötigste studierten. Ihm war es wichtig, in die Auseinandersetzungen der Zeit einzugreifen. Und dazu brauchte es eine gute philosophische Bildung.

Sein kämpferisches Element ist für mich auch eine Wurzel. Ich spüre, ich kann nicht einfach gelassen alles so lassen, wie es ist. Es war mir immer wichtig, viel zu studieren, um die Menschen kennenzulernen und so eine theologische Antwort zu entwickeln, die wirklich auf ihre Fragen eingeht und ihre Sehnsucht anspricht.

Die Schwester meiner Mutter war Steyler Missionsschwester. Als Schwester hatte sie den Namen »Sophiane« – »die Weise« – angenommen. Sie strahlte für mich immer eine grenzenlose Güte aus. Meine Mutter ist nach dem Tod meines Vaters immer mit ihr in Urlaub gefahren. Sie hatten als alte Frauen immer viel Spaß miteinander. Und sie bewahrten sich auch das Kindliche. Sie gingen leidenschaftlich gerne am Urlaubsort Geschäfte anschauen, obwohl sie sich nichts mehr kauften. Aber dabei kam die kindliche Neugier hoch. An meiner Tante hat mich immer diese mütterliche Wärme fasziniert. Und ich versuchte, in meinem Leben diese Qualität von Wärme und Geborgenheit zu entwickeln und weiterzugeben.

Die Botschaft
der Verstorbenen

Es gibt für mich noch eine andere Weise, meine Wurzeln in meinen verstorbenen Vorfahren zu finden. Sie besteht darin, meinen Eltern oder Großeltern oder den Menschen, mit denen ich nahe zusammen war, Fragen zu stellen: Was wolltest du mit deinem Leben vermitteln? Was ist die Botschaft, die du durch dein Leben und durch dein Sterben an mich richtest? Wie soll ich mit meinem Leben auf dein Leben antworten?

Oft habe ich die Botschaft der Menschen in meiner Nähe nicht verstanden, solange sie lebten. Erst wenn sie gestorben sind, geht mir auf, was sie eigentlich wollten. Sie konnten ihre Botschaft nicht so ausdrücken, wie sie es gerne gewollt hätten. Ihre eigene Lebensgeschichte hat sie daran gehindert und ihre Lebensmuster haben manches getrübt. Jetzt aber wird es mir klar. Ich bekomme Achtung vor ihrem Leben. Ich muss ihr Leben nicht verherrlichen. Ihre Grenzen und Schwächen habe ich auch mitbekommen. Aber sie haben auf ihre Weise ihr Leben gelebt. Sie hatten eine Vision für ihr Leben und sie haben nicht aufgegeben.

Ich erinnere mich gerne an meinen Musiklehrer Pater Otto Lerner. Er war ein begnadeter Sänger mit einer herrlichen Tenorstimme. Als Geigenspieler hat er mich für das Cello begeistert. In seinem Unterricht habe ich seine Liebe zur Musik und zum Choral gespürt. Später hatte er Alkoholprobleme. Das hat manche Mitbrüder dazu verleitet, negativ über ihn zu urteilen. Doch ich spürte sein tragisches Schicksal, dass er nicht das verwirklichen konnte, was er gerne getan hätte. Er war lange im Krieg und in russischer Kriegsgefangenschaft. Dort hat er sich mit den Russen gut verstanden. Nach dem Krieg wollte er gerne Psychologie studieren, um nach seinen Erfahrungen in der Gefangenschaft die Seele des Menschen noch besser zu verstehen. Wegen seiner guten Stimme sollte er jedoch Musik studieren.

Als er nach dem Studium nach Münsterschwarzach als Präfekt ins Internat kam, hatte er es mit seinen modernen Ansichten schwer, sich gegen die älteren Mitbrüder durchzusetzen. Das hat ihn einsam werden lassen, obwohl er von seiner Natur aus ein Gemeinschaftsmensch war. Wenn wir als Schüler auf Ausflug waren, hat er uns mit den alten Liedern seiner eigenen Jugendzeit unterhalten. Dann spürte man die tiefe Sehnsucht nach Heimat und Geborgenheit, die in ihm lebte.

Die Menschen, denen wir wichtige Wurzeln verdanken, sind nicht immer perfekte

Menschen gewesen. Gerade auch gebrochene Menschen haben uns ihr offenes Herz gezeigt und uns damit etwas geschenkt, was unsere Wurzeln nährt. Deshalb ist es wichtig, dass wir sie ehren. Nur wenn wir sie ehren, haben wir Anteil an dem, was sie leben wollten und an ihrer Botschaft.

Auch wenn ihr Leben nach außen hin gescheitert ist, so haben sie doch eine wichtige Botschaft an uns. Es steht uns nicht zu, über sie zu urteilen. Wir sollten in aller Demut auf die Botschaft hören, die sie an uns richten. Dann können wir unser Leben leben und alles zur Entfaltung bringen, was Gott uns geschenkt hat.

Ein anderer Mitbruder, dem ich viel verdanke, ist mein Novizenmeister Pater Augustin. Er war ein sehr sensibler Musiker. Als Organist hat er unsere Gottesdienste in der Abtei Münsterschwarzach geprägt. Er hat mir einmal erzählt, dass er als junger Mönch ein ganzes Jahr lang in der Betrachtungszeit den Introitus, das Eingangsstück zur Eucharistiefeier des jeweiligen Tages meditiert hat – einmal von seinem Text her, dann aber auch von der Melodie her. Das nächste Jahr hat er dann den Allelujavers und im dritten Jahr das Offertorium, den Gesang zur Gabenbereitung, und später die Communio, den Gesang zur Kommunion, meditiert.

Die Liebe Pater Augustins zum Choral prägt mich bis heute. Und aus dieser Wurzel lebe ich auch jetzt noch. Wenn wir im Gottesdienst Choral singen, staune ich immer wieder über die Texte, die die frühe Kirche ausgesucht hat, um das Geheimnis des jeweiligen Festes zu beschreiben. Und ich staune über die musikalische Gestaltung dieses Textes.

In beidem erkenne ich, wie tief die Menschen früherer Zeiten die biblischen Worte meditiert und woraus sie selbst gelebt haben. Indem ich gleichsam mit ihnen Choral singe, habe ich teil an ihren Wurzeln, an den Wurzeln von Pater Augustin, aber auch an den Wurzeln des Mönches Hartker von St. Gallen, der sich 40 Jahre lang zurückgezogen hat, um die Neumen, die musikalischen Interpretationszeichen, aufzuschreiben.

Godehard Joppich, der lange Kantor in unserer Abtei war, hat über diesen Hartker einmal gesagt: »Im 10. Jahrhundert war die Welt schon so laut geworden, dass es eines vierzigjährigen Schweigens bedurfte, um das Wort Gottes für uns so hörbar zu machen, dass seine heilende Wirkung für uns spürbar wird.«

Ich spüre, dass solche Sätze, die ein Mitbruder einmal gesagt hat, tief in mein Herz gefallen sind. Sie haben sich in mein Herz eingewurzelt und befähigen es, manches intensiver zu erfahren.

So geht es mir jedes Mal bei der ersten Vesper von Allerheiligen. Wir singen sie in Latein. Und ich erinnere mich dann immer an Pater Augustinus, der uns im Noviziat erzählte, wie er im Jahr 1940 in Frankreich als Soldat im Feld stand. Um ihn herum war das laute Grölen der Soldaten, die sich am Wein, den sie erbeutet hatten, gütlich taten. Da erinnerte er sich: Jetzt singen meine Mitbrüder in der Abtei in Münsterschwarzach die erste Antiphon von Allerheiligen »Vidi turbam magnam« – »Ich sah eine große Zahl, die niemand zählen konnte.« Mitten in der rauen Kriegssituation hat ihm die Erinnerung an diese Antiphon den Himmel geöffnet.

So spüre ich heute beim Singen dieser Antiphon immer den Himmel offen. Und ich stelle mir vor, wie Pater Augustin diese Antiphon jetzt als Schauender und Vollendeter mitsingt.

Eine Frau erzählte mir von ihrem Mann, der Depressionen hatte und eines Tages Suizid beging. Natürlich war sein Tod für sie ein Schock. Aber sie konnte ihn auch verstehen. Sie wusste, dass er zu sensibel war, um in dieser Welt bestehen zu können.

Nach seinem Tod ging ihr manches auf, was er gelesen und geschrieben und immer wieder einmal gesagt hat. Ihr wurde klar, welche »Philosophie« und Lebenseinstellung er hatte. Aber seine Vision ließ sich nicht mit den Begrenzungen verwirklichen, die er von seiner Psyche her hatte. Darunter hat er gelitten.

Jetzt aber wird der Frau nach dem Tod ihres Mannes seine Vision immer klarer. Und sie spürt, dass er eine Botschaft an sie hat. Er bildet für sie nun eine Wurzel, aus der sie leben kann. Dies ist keine biologische Wurzel, denn die Frau stammt nicht von ihrem Mann ab.

Aber auch die Menschen, mit denen wir täglich leben, werden so für uns zur Wurzel, wenn wir ihr Lebensgeheimnis meditieren und zu verstehen suchen.

Im November besuchen wir gerne die Gräber unserer Verstorbenen. Bei einer solchen Gelegenheit ist es gut, am Grab einmal innezuhalten und in einen Dialog mit dem Verstorbenen zu treten:

Was war dir wichtig in deinem Leben? Was habe ich von dir gelernt? Was wolltest du mit deinem Leben vermitteln? Was ist deine Botschaft jetzt an mich? Was willst du mir sagen?

Wenn ich diese Fragen an den Verstorbenen stelle, achte ich zugleich auf meine Gefühle:

Welche Gefühle steigen in mir hoch, wenn ich mich an dieses oder jenes Ereignis aus dem Leben des Verstorbenen, wenn ich mich an diese oder jene Worte von ihm erinnere? Was trage ich von ihm jetzt in meinem Herzen? Wo prägt er meine Wurzeln, aus denen ich heute lebe?

Übung

*Versuchen Sie, gut dazustehen – wie
ein Baum. Spüren Sie Ihre Fußsohlen
und stellen Sie sich vor, wie Sie sich
tief in der Erde verwurzeln. Lenken
Sie Ihr Ausatmen durch die Fußsohlen in die Erde hinein, sodass sich
der Atem immer tiefer in die Erde
eingräbt.*

*Überlegen Sie, was Ihre Wurzeln
sind. Und stellen Sie sich vor, dass
Sie tief verwurzelt in einem guten
Erdreich Halt finden.*

*Dann gehen Sie mit Ihrem Bewusst-
sein in die Bauchmitte und stellen Sie
sich vor, dass Sie in Ihrer Mitte ruhen.
Stellen Sie sich nun vor, wie Ihr
Körper als Baum eine große Krone*

entfaltet. Stehen Sie aufrecht, damit Ihre Baumkrone bis zum Himmel reichen kann.

Stellen Sie sich vor: Mein Atem verbindet in mir Himmel und Erde. Beim Ausatmen lasse ich den Atem bis in die Fußsohlen und in die Erde hineinströmen. Beim Einatmen ziehe ich den Atem aus der Erde in den Leib bis hin zum Kopf und über den Kopf hinaus bis zum Himmel. Das Einatmen strömt von der Erde zum Himmel und das Ausatmen vom Himmel zur Erde. So verbindet der Atem in mir Himmel und Erde, Geist und Materie, Gott und Mensch, meine Herkunft und meine Zukunft.

Rituale und Gebete als stärkende Kraft

Rituale

Wir feiern in der Kirche die gleichen Rituale, die vor uns Menschen schon seit Hunderten von Jahren gefeiert haben. Es ist von den Grundvollzügen her die gleiche Eucharistiefeier, die seit fast zweitausend Jahren gefeiert wird, ebenso die gleiche Osternacht, die gleiche Tauffeier, die gleiche Weihnachtsfeier und so weiter.

Indem wir diese Rituale feiern, haben wir Anteil an der Glaubens- und Lebenskraft früherer Generationen. Wir reihen uns in die Schar der Gläubigen ein, die mit diesen Ritualen ihr Leben bewältigt haben.

Und wir reihen uns in die Schar der Christen ein, die auf der ganzen Welt die gleichen Rituale vollziehen. Diese Rituale sind demnach nicht nur Wurzeln, die in die Vergangenheit reichen, sondern auch Wurzeln, die in die Breite gehen und die uns in die große Gemeinschaft der Christen einwurzeln.

In der Eucharistie hören wir dieselben Evangelientexte, die unsere Vorfahren gehört und nach denen sie ihr Leben ausgerichtet haben. Wir feiern im Lauf des Kirchenjahres die gleichen Feste, die unsere Eltern und Großeltern – und die Generationen vor ihnen – gefeiert haben.

In jeder Region sind es andere Feste, die im Mittelpunkt des Interesses stehen. Aber überall auf der Welt wird Weihnachten bewusst gefeiert. Gerade an Weihnachten denkt man an seine Vorfahren zurück. Man erinnert sich, wie diese das Weihnachtsfest gefeiert haben: in Zeiten der Armut, des Kriegs, aber auch in Zeiten politischer Ruhe.

In vielen Familien ist es ein großes Bedürfnis, Weihnachten genauso zu feiern, wie es schon die Großeltern getan haben. Offensichtlich haben viele Menschen ein Gespür dafür, dass sie durch die lange tradierten Rituale Anteil an der Glaubenskraft ihrer Vorfahren haben, die ihr Leben aus dem Glauben bewältigt haben. Die Rituale waren konkreter Ausdruck ihres Glaubens.

Indem ich zum Beispiel die Krippe aufstelle, die schon mein Großvater aufgestellt hat, habe ich Anteil an ihm. Ich erinnere mich an seine Art zu leben. Aber ich habe auch Anteil an ihm, der jetzt bei Gott ist und der das schaut, was wir im Glauben feiern.

Für meine Familie war das Fest Epiphanie immer sehr wichtig. Unser Vater sprach immer davon, dass ihn die Heiligen Drei Könige nach Bayern geführt hätten. Und wir räucherten an diesem Tag unser Haus mit Weihrauch aus. Das ganze Haus roch noch lange nach Weihrauch und wir hatten so das Gefühl, in einem gesegneten und geschützten Haus zu wohnen. Das war für meinen Vater besonders wichtig, nicht nur, weil er das Haus selbst gebaut hatte, sondern auch weil es in der Konkurszeit kurz vor der Versteigerung gestanden hatte.

So wurde meinem Vater und unserer ganzen Familie an diesem Tag immer wieder bewusst, dass es nicht selbstverständlich ist, ein Haus als Heimat zu haben, ein Haus zu besitzen, das Geborgenheit und Sicherheit schenkt. Viele Erfahrungen, die ich als Kind gemacht habe, haben in diesem Haus ihre Wurzel.

Wenn ich alte Bilder von der Fronleichnamsprozession zu Hause anschaue, dann komme ich mit den Wurzeln meiner Kindheit in Berührung. Dann erkenne ich in den Männern und Frauen, die dort mitgingen, Personen, die mich geprägt und die mir das Gefühl von Heimat geschenkt haben. Sie alle gehörten zu jener Gemeinde, in der wir als Familie daheim waren.

Und ich sehe in ihren Gesichtern den Glauben, den sie bei der Prozession zum Ausdruck brachten und der mich in meiner Kindheit getragen hat.

Gebete

Die überlieferten Gebete beten wir, wenn wir sie sprechen, gleichsam gemeinsam mit unseren Vorfahren. Ich möchte dies am Beispiel des Vaterunsers verdeutlichen:

Im Vaterunser sprechen wir nicht nur die Worte nach, die Jesus uns vorgesagt hat. Wir beten auch Worte, die durch die vielen Menschen vor uns angereichert sind, die dieses Gebet gesprochen haben.

Vielleicht haben die Menschen nicht immer genau gewusst, was sie da beten. Aber dieses Gebet war für sie eine Stütze und ein Wegweiser in ihrem Leben. Sie haben mit diesem Gebet ihr Leben bewältigt. Wir können uns erinnern, welche Sätze des Vaterunsers für unsere Eltern wichtig waren und in welchen Situationen sie bestimmte Sätze im Blick hatten. Für meinen Vater war in der Kriegszeit die Bitte »Dein Reich komme!« wichtig. Es war für ihn die Bitte, dass Gott die Macht Hitlers brechen und gegen seine zerstörerische und menschenverachtende Herrschaft das Reich Gottes auf Erden sichtbar machen möge, in dem Gerechtigkeit und Friede herrschen.

Als mein Vater nach dem Krieg mit seinem Geschäft Konkurs machte, weil er zu gutmütig war und von vielen Kunden ausgenutzt wurde, betete er besonders inbrünstig: »Unser tägliches Brot gib uns heute!« Und als er nach der Veränderung des wirtschaftlichen Umfeldes um seine eigene Zukunft rang, wurde ihm die Bitte wichtig: »Dein Wille geschehe, wie im Himmel also auch auf Erden!« Als Menschen ihn enttäuscht und tief verletzt haben, befreite ihn die Bitte »Vergib uns unsere Schuld, wie auch wir vergeben unseren Schuldigern« von aller Bitterkeit und von Rachegefühlen.

Wenn ich heute das Vaterunser bete, so erinnere ich mich immer wieder an meinen Vater, für den dieses Gebet sein Lebensbegleiter, aber auch seine Lebensschule war. Er hat mit diesem Gebet die schwierigen Situationen in seinem Leben bewältigt. Und dieses Gebet war für ihn gerade im Dritten Reich der Weg, innerlich klar zu bleiben und sich nicht von der Nazi-Ideologie anstecken zu lassen. Gerade im Dritten Reich war daher auch die Bitte »Erlöse uns von dem Bösen« für ihn eine Hilfe, sich vom Bösen nicht infizieren zu lassen.

Das Vaterunser verbindet mich mit der Lebens- und Glaubenskraft meines Vaters. Und es verbindet mich mit dem Glauben meiner Mutter. Meine Mutter hat täglich zwei Rosenkränze für ihre Kinder und Enkelkinder gebetet. Jedes Gesätz des Rosenkranzes beginnt mit dem Vaterunser. Für meine Mutter kam in diesem Gebet vor allem die Verbundenheit mit ihren Kindern und Enkelkindern – aber auch mit allen Menschen, für die sie betete – zum Ausdruck.

Ihr waren die ersten Worte wichtig: »Vater unser«, denn sie war ein Mensch, der in Beziehungen dachte und fühlte. Sie spürte in diesen beiden Worten schon, dass sie mit all den Menschen innerlich verbunden war, für die sie betete. Und sie betete sich in diesem Gebet in das Vertrauen hinein, dass Gott für ihre Großfamilie sorgen werde.

Wenn ich in der Eucharistie das Vaterunser bete, dann stelle ich mir vor, dass mein Vater und meine Mutter diese Worte nun als Schauende im Himmel mitbeten. Die Eucharistie verbindet Himmel und Erde, die Lebenden und Verstorbenen. Während wir hier auf Erden das Mahl Jesu feiern, feiern die Verstorbenen im Himmel das ewige Hochzeitsmahl.

Ich bete die Worte des Vaterunsers als Glaubender und Suchender, manchmal auch als Zweifelnder – und manchmal recht gedankenlos. Meine Eltern schmecken als Schauende, die mit Gott eins geworden sind, diese Worte anders. Sie erfahren die Wirklichkeit dieser Worte. So verbindet mich dieses Gebet mit meinen verstorbenen Eltern und mit all den verstorbenen Mitbrüdern, für die dieses Gebet Lebensnahrung war.

Das Vaterunser enthält dann nicht nur Bitten, die ich an Gott richte. Ich ahne auch etwas von der Erfüllung dieser Bitten, die meine Eltern schon erlebt haben. Im Beten habe ich teil an den Wurzeln, die mir meine Eltern und meine Mitbrüder durch ihren Glauben geschenkt haben.

Und ich habe schon teil an der Vollendung, an der Blüte, die aus den Wurzeln emporgewachsen ist. Oder ich kann mit Bertold Ulsamer sagen: Im Vaterunser habe ich teil an den Wurzeln meiner Eltern, die in der Vergangenheit liegen. Und zugleich bekomme ich in diesem Gebet Flügel, die mich dorthin tragen, wo meine Eltern jetzt sind: bei Gott, in seiner ewigen Herrlichkeit.

Die Liturgie sieht für das Vaterunser die Gebärde der erhobenen Hände vor. Diese Gebärde ist eine Segensgebärde. Man kann sich vorstellen, dass man so den Segen der Gebetsworte in die Welt hinausschickt. Doch die frühen Mönche deuten diese Gebärde anders:

Die Finger, die nach oben weisen, reichen bis in den Himmel. Wir haben im Vaterunser teil an dem Gebet, das die Heiligen im Himmel beten. So drückt die Gebärde unsere Beziehung zum Himmel aus. Hier auf Erden haben wir teil an der Schau unserer Vorfahren im Himmel.

Die Fassung des Vaterunsers, die uns der Evangelist Matthäus überliefert, hat sich in der Tradition der Kirche und im liturgischen Gebrauch durchgesetzt. Die andere Textfassung begegnet uns beim Evangelisten Lukas. Wie kein anderer Evangelist hat Lukas das Gebet in das Zentrum seines Evangeliums gestellt. Zum einen hat er Jesus als den Beter dargestellt und zum anderen hat er in zwei Kapiteln eine eigene Gebetsunterweisung gegeben. Dabei geht es ihm vor allem um die Haltung, in der der Christ beten soll.

Das Gebet ist für Lukas der Ort, an dem wir Jesus Christus begegnen und ihn verstehen können. Denn das Wesen Jesu und seine Haltung zum Vater werden gerade in seinem Beten sichtbar.

Indem wir von ihm beten lernen, erkennen wir, wer Jesus Christus für uns ist. Und zugleich ist das Beten der Weg, Jesus Christus immer ähnlicher zu werden und so eine neue Beziehung zu Gott zu erlangen. Das Gebet ist der Ort, an dem der Geist Jesu uns heute berührt und unsere Wunden heilt.

Gott ist unser Freund

Unmittelbar nachdem Jesus die Bitte der Jünger (»Herr, lehre uns beten«) mit dem Vorbeten des Vaterunsers erfüllt hat, erzählt er ihnen zwei Gleichnisse. In beiden Gleichnissen geht es um das Vertrauen, mit dem die Jünger die Worte des Gebetes des Herrn sprechen sollen.

Die Parabel vom bittenden Freund (Lk 11,5–8) hat ein palästinisches Dorf vor Augen, in dem es keine Läden gibt. Jedes Haus stellt dort die notwendige Nahrung selbst her. In diesem Dorf hat ein Mann mitten in der Nacht Besuch bekommen und kann diesem nichts anbieten. Das ist ihm peinlich. Denn Gastfreundschaft ist im Orient ein hohes Gut. So geht er zu seinem Freund und pocht an die Tür. Er weiß, welche Schwierigkeiten er dem

Freund bereitet. Denn der muss aufstehen und die mit einem Balken gesicherte Tür öffnen. Vom Lärm, den er beim Wegziehen des Balkens macht, werden die Kinder aufwachen. Doch Gastfreundschaft ist heilige Pflicht. So wird der andere aufstehen und dem bittenden Freund alles geben, was er braucht.

Jesus will uns mit diesem Gleichnis sagen, dass Gott unser Freund ist. Und Lukas deutet dieses Gleichnis im Sinn der griechischen Philosophie: Wir Christen sind Gottes Freunde. Beten heißt, zu Gott wie zu einem Freund sprechen. Wir dürfen Gott so unverschämt bitten wie einen Freund. Er wird uns nicht abweisen. Denn die Freundschaft zwischen Gott und uns ist noch viel fester als die zwischen Menschen. Das Geheimnis von Freundschaft wird erst offenbar, wenn wir im Gebet Gott als unseren Freund erfahren, der uns gibt, was wir zum Leben und zur Liebe brauchen.

Jesus verdeutlicht dieses unbedingte Vertrauen, das wir zu Gott haben dürfen, im Lukasevangelium mit den Worten:

Bittet, so wird euch gegeben werden; suchet, so werdet ihr finden; klopfet an, so wird euch aufgetan werden. Denn wer bittet, empfängt; wer sucht, der findet; und wer anklopft, dem wird geöffnet.

Lukas 11,9f

Mit diesen kurzen und prägnanten Worten lädt uns Jesus ein, auch in aussichtslosen Situationen zu bitten, zu suchen und bei Gott »anzuklopfen«. Gott wird uns sein Herz öffnen.

Er wird uns geben, was wir brauchen. Manchmal wird die Gabe Gottes vielleicht anders aussehen, als wir sie uns vorgestellt haben. Aber keine Bitte ist umsonst. Sie verstärkt die Beziehung zu Gott als unserem Freund. Und

Beten heißt, zu Gott

wie zu einem Freund

sprechen.

Gott wird uns letztlich immer das geben, was wir in der Tiefe unseres Herzens zum Leben brauchen.

Nach dieser Aufforderung zum vertrauensvollen Beten stellt Jesus die Frage, wie sich denn ein menschlicher Vater zu seinem Sohn verhalten würde:

Welchen Vater unter euch wird ein Sohn um ein Brot bitten – er wird ihm doch nicht einen Stein reichen? Oder um einen Fisch – er wird ihm doch nicht statt des Fisches eine Schlange reichen? Oder um ein Ei bitten – er wird ihm doch nicht einen Skorpion reichen? Wenn nun ihr, die ihr böse seid, es versteht, euren Kindern gute Gaben zu geben, wie viel mehr wird der Vater vom Himmel her denen, die ihn bitten, heiligen Geist geben!

Lk 11,11–13, zitiert nach François Bovon; in der »Einheitsübersetzung« ist die Brot-Bitte weggelassen

In diesen drei Beispielen erläutert Jesus, was es heißt, Gott zum Vater zu haben. Jeder Vater weiß, was für seine Kinder gut ist. Auch wenn Kinder oft genug böse sind, so kann ihnen gegenüber doch kaum ein Vater wirklich hart sein. In seinem Herzen weiß er außerdem genau, was gut für seine Kinder ist. Er wird ihnen nicht anstelle eines Brotes einen Stein oder eine Schlange statt eines Fisches oder einen Skorpion statt eines Eies geben. Jesus spricht hier das Ehrgefühl der Menschen an.

Gott ist unser guter Vater. Er weiß, was uns guttut. Er wird uns nicht enttäuschen und uns nichts geben, was uns schaden könnte. Er schenkt uns das, was uns nährt. Augustinus deutet die drei Gaben symbolisch. Das Brot bedeute die Liebe, der Fisch den Glauben und das Ei die Hoffnung.

Ein guter Vater gibt seinem Sohn nicht anstelle des Brotes der Liebe den Stein der Härte und Abweisung. Er glaubt an den Sohn und verletzt ihn nicht durch eine Schlange. Und er schenkt ihm Hoffnung und wird ihn nicht durch einen Skorpion mit Bitterkeit oder mit Schuldgefühlen vergiften. Gott ist der gute Vater, der uns die beste Gabe schenkt, die er zu geben hat: den Heiligen Geist. Im Heiligen Geist schenkt er sich uns selbst und ist er uns nahe.

Der Heilige Geist heilt unsere Vaterwunden, wenn der eigene Vater uns doch den Stein, die Schlange oder einen Skorpion gereicht und uns damit tief verletzt hat. Das Gebet ist für Lukas der Ort, an dem wir die Heilung unserer Vater- und Mutterwunden erfahren dürfen. Und zugleich zeigt uns Lukas, was es heißt, zu Gott als unserem Vater zu beten. Dieser Vater wird uns gut behandeln.

Er wird uns das geben, was wir zum Leben brauchen: Glauben, Hoffnung und Liebe. Im Heiligen Geist gibt er uns alles, was uns zum Leben dient.

Der Heilige Geist, den der Vater uns geben wird, wenn wir gemeinsam mit seinem Sohn zu ihm beten, macht noch einen anderen Unterschied zum Matthäusevangelium deutlich. Bei Matthäus war Jesus der Ausleger des göttlichen Gesetzes. Daher bitten wir dort im Vaterunser, dass Gottes Wille auch in unserem Verhalten geschehe. Wenn wir die Bergpredigt erfüllen, dann geschieht auf Erden Gottes Wille in uns und durch uns.

Lukas hat eine andere Theologie. Jesus sendet uns nach seiner Auferstehung den Heiligen Geist. Und in der Kraft des Heiligen Geistes vermögen nun die Jünger das Gleiche wie Jesus zu tun. Stephanus wird wie Jesus seinen Mördern vergeben. Petrus und Johannes werden in der Kraft Jesu den Gelähmten heilen. Und Paulus wird wie Jesus voll Vertrauen durch das Leiden gehen, das ihm auferlegt wird.

Im Gebet werden wir vom Geist Jesu erfüllt. Und in der Kraft dieses Geistes werden wir fähig, Jesus nachzufolgen und wie Jesus Kranke zu heilen, den Menschen, die uns verletzen, zu vergeben und durch die Bedrängnisse, die uns hier erwarten, in die Herrlichkeit Gottes einzugehen. Der Heilige Geist bewahrt uns davor, durch die Widerfahrnisse der Welt zerbrochen zu werden. So werden wir nur aufgebrochen für das ursprüngliche und unverfälschte Bild, das Gott sich von uns als seinen Kindern gemacht hat.

Der Heilige Geist

bewahrt uns davor,

durch die Widerfahrnisse der Welt

zerbrochen zu werden.

Beten aus der Bedrängnis heraus

Lukas nimmt im 18. Kapitel seines Evangeliums nochmals seine Unterweisung im rechten Beten auf, indem er zwei Gleichnisse erzählt: das Gleichnis von der Witwe und dem ungerechten Richter, und das Gleichnis des Zöllners, der im Tempel auf richtige Weise betet.

Im 11. Kapitel seines Evangeliums hat Lukas das Gebet als Erfüllung der Gottesliebe verstanden. Daher hat er seine Gebetslehre unmittelbar nach der Geschichte von Marta und Maria entfaltet. Im Beten werden wir zur Maria, die sich Jesus zu Füßen setzt und sich von ihm in das Geheimnis der Kontemplation und in die Kunst des richtigen Betens einweisen lässt. Im 18. Kapitel hat Jesus nun die Bedrängnis der Menschen vor Augen. Mitten in den Konflikten unseres Alltags sollen wir vertrauensvoll zu Gott beten. Gott ist der, der uns beisteht, auch wenn die Menschen uns allein lassen.

Die Frau, die als Witwe von einem Feind bedrängt wird (vgl. Lk 18,1–8), steht für die bedrohte christliche Gemeinde am Ende des ersten Jahrhunderts, die sich vergeblich an die staatliche Autorität wendet. Der Richter, an den sich die Witwe wendet, fürchtet Gott nicht und nimmt auf keinen Menschen Rücksicht.

Am Ende des ersten Jahrhunderts gab es zwar noch keine allgemeinen Verfolgungen, aber den Christen wehte ein scharfer Wind ins Gesicht. Die Behörden schützten sie nicht vor feindlichen Attacken. Ja, sie arbeiteten oft gegen sie. In dieser Situation solle die Gemeinde – so Lukas – zum Gebet Zuflucht nehmen. Dann könne sie Recht auf Leben erfahren. In diesem Sinn ist das Gleichnis auch heute aktuell. Denn auch uns Christen begegnet die Welt oft feindlich. Die Medien suchen sich oft die negativen Seiten der Kirche heraus oder greifen die Kirche gerne an. Statt zu meinen, sich in solchen Fällen immer rechtfertigen zu müssen, soll die Kirche auch heute im Gebet ihre wahre Identität erfahren. Dann verlieren diese oder ähnliche Angriffe ihre Macht. Sie können die Identität der Christen nicht mehr erschüttern.

Die Witwe, die sich an den Richter wendet, kann aber auch als Typos für den einzelnen Menschen verstanden werden. Dann steht sie für die persönliche Situation von Menschen, die von Feinden bedrängt werden, die von anderen verletzt werden und sich nicht dagegen wehren können. Die Frau, die den Mann verloren hat, ist Bild für Menschen, die eine

»dünne Haut« haben und die so schutzlos den Emotionen ihrer Umgebung ausgesetzt sind. Sie haben kein Schutzschild. Alles Negative ihrer Umwelt dringt in sie ein.

Auch diese zweite Deutung ist hilfreich. Gerade Menschen, die sich von anderen verletzt oder verfolgt fühlen, können im Gebet Zuflucht finden. In der Nähe Gottes erfahren sie Recht auf Leben. Und im Gebet entdecken sie in sich selbst den Ort, an dem Gott in ihnen wohnt. Dort kann niemand sie verletzen. Dort können sie aufleben.

Eine weitere Möglichkeit, dieses Gleichnis zu deuten, nennen die Psychologen die Deutung auf der Subjektstufe. So wie wir die Träume auf der Subjektstufe deuten, so können wir auch die Gleichnisse auf der Subjektstufe verstehen. Das heißt: Alle Personen sind Bilder für die verschiedenen Bereiche in uns selbst.

Die Frau ist dann ein Bild für die Seele, für den inneren Bereich des Menschen und für die Ahnungen seiner göttlichen Würde. Die Feinde stehen für die Lebensmuster, die uns am Leben hindern, für unsere Schwächen, die uns zu schaffen machen, und für die Wunden, die uns das Leben geschlagen hat. Der Richter, der sich weder um Gott noch um die Menschen kümmert, symbolisiert das Über-Ich, die innere Instanz, die uns klein machen möchte und die kein Interesse an unserem Wohlergehen hat. Ihr geht es nur um Normen und Prinzipien. Die Seele soll stillhalten und sich zufriedengeben mit dem, was sie vorfindet.

Das Gebet gibt in einer solchen Sichtweise der Seele Recht. Es bestätigt unsere inneren Ahnungen von unserer unantastbaren Würde und von unserer Einmaligkeit. Das Gebet bringt die lärmenden Stimmen des Über-Ichs

Im Gebet

blüht die Seele auf

und bekommt Flügel.

und der feindlichen Lebensmuster zum Schweigen.

Die scheinbar machtlose Frau kämpft für sich. Sie geht immer wieder zum Richter und fordert ihn auf:

Verschaff mir Recht gegen meinen Feind!
Lukas 18,3

Der Richter führt als Antwort darauf ein Selbstgespräch, das typische Stilmittel griechischer Komödien:

Ich fürchte zwar Gott nicht und nehme auch auf keinen Menschen Rücksicht; trotzdem will ich dieser Witwe zu ihrem Recht verhelfen, denn sie lässt mich nicht in Ruhe. Sonst kommt sie am Ende noch und schlägt mich ins Gesicht.
Lukas 18,5

Der Zuhörer mag darüber schmunzeln, wie dieser mächtige Richter Angst vor der schwachen Witwe hat und befürchtet, sie könne ihn schlagen. Doch gerade mit diesem Selbstgespräch des Richters bewegt Lukas den Leser, dem scheinbar so schwachen Mittel des Gebetes zu trauen. Es hat mehr Macht als alle äußeren Machthaber.

Im Gebet bekommt der Mensch sein Recht. Er hat Recht auf Leben, Recht auf Hilfe, Recht auf Würde. Im Gebet dürfen wir erleben, dass die Menschen keine Macht mehr über uns haben.

Wenn wir die Witwe als Bild für die Seele nehmen, dann heißt das: Im Gebet erfahren wir, dass die Seele mehr Recht hat als die Stimmen des Über-Ichs, die uns klein halten möchten.

Im Gebet blüht die Seele auf und bekommt gleichsam Flügel. Im Gebet kommen wir in Berührung mit unserem wahren Selbst, mit dem ursprünglichen Bild Gottes von uns, mit dem Glanz, den Gott uns verliehen hat. Die Welt kann dieses Bild Gottes in unserer Seele nicht trüben oder gar zerstören.

Übung

Stellen Sie sich aufrecht hin und er-
heben Sie Ihre Hände zum Himmel.
Dann beten Sie ganz langsam das
Vaterunser. Es wäre gut, wenn Sie das
Gebet wirklich sprechen, so laut, dass
Sie Ihre eigene Stimme hören.

Versuchen Sie sich dabei zu erinnern,
mit welcher Stimme und in welcher
Tonlage und mit welchem Rhythmus
Ihre Eltern und Großeltern dieses
Gebet gesprochen haben. Überlegen
Sie, was diese Bitten wohl für Ihre
Vorfahren in bestimmten Situationen
bedeutet haben.

Stellen Sie sich vor, dass Ihre Eltern
und Ihre Großeltern diese Worte
des Vaterunsers jetzt im Himmel

mit Ihnen sprechen – vielleicht mit ihrem je eigenen Tonfall –, aber jetzt als Schauende, die durchblicken, die nun jedes einzelne Wort in seiner eigentlichen Bedeutung verstehen. So können Sie sich mit Ihren Eltern und Großeltern eins fühlen. Jetzt erleben Sie ganz konkret die Wurzeln, die Sie in Ihren Eltern und Großeltern haben.

Vertrauen
trägt

Wenn wir von Krisen geschüttelt werden, verlieren wir leicht den Halt. Doch Krisen gehören zum Leben. Es gibt kein Wachstum ohne Krisen. Dies gilt für das persönliche Wachstum, aber offensichtlich auch für die Entwicklung einer Gesellschaft. Viele verlieren in der Krise den Mut und ihr Vertrauen ins Leben. Deshalb will ich Ihnen Mut machen, das Vertrauen nicht zu verlieren und auch der eigenen Kraft zu vertrauen.

Wenn wir über Kraft sprechen, geht es aber nicht nur um Muskelkraft, sondern auch um die seelische Kraft, die im Menschen ist. Sie ist in jedem Menschen angelegt, aber er muss seine Muskeln und seine seelischen Stärken auch anspannen, um seine Kraft zu spüren.

Viele Menschen meinen, dass ihre Kraft nicht genüge, um die Krise zu meistern. In der christlichen Tradition hat man in Krisensituationen und vor wichtigen Entscheidungen immer den Geist Gottes angerufen und den Heilig-Geist-Hymnus gebetet. Man vertraute darauf, dass der Heilige Geist der Gemeinschaft und dem Einzelnen Wege zeigt und Kraft schenkt, um die Krise gut zu bestehen.

Jesus hat uns den Heiligen Geist gesandt, damit wir an seiner Kraft teilhaben und genauso wie er durch das Leben und seine Krisen gehen können. Krisen haben ja auch im Leben Jesu nicht gefehlt, sie gipfelten vielmehr in der Krise des Kreuzes. Der Heilige Geist stärkt unsere Kraft und unseren Mut und er verleiht unserem Geist Fantasie und Kreativität, um voll Vertrauen Wege aus der Krise zu finden.

Jesus hat uns

den Heiligen Geist gesandt,

damit wir an seiner Kraft

teilhaben und wie er

durch das Leben und seine Krisen

gehen können.

Vertrauen finden

Für den Reformator Martin Luther war Glauben vor allem Vertrauen in Gottes Güte und Barmherzigkeit. Ihm ging es nicht um den Glauben an kirchliche Dogmen, sondern um das Vertrauen, das der Mensch in Gott setzen kann. Für ihn ist an Jesus vor allem dies eine wichtig, dass er uns immer wieder zum kindlichen Vertrauen in den barmherzigen Vater ermutigt hat. Jesus ist für Luther der Grund, dass wir unser Vertrauen auf Gott setzen dürfen, auch wenn wir zu uns und zu unserem Tun kein Vertrauen haben, auch wenn wir uns in unserer Schuld als unannehmbar erleben.

Wenn Jesus vom Glauben spricht, dann meint er damit ein grundloses Vertrauen auf Gott. »Dein Glaube hat dir geholfen.« Mit diesem Wort antwortet Jesus oft auf das Wunder der Heilung, das in der Begegnung mit ihm geschehen ist. Er verweist den Geheilten auf den Glauben als den eigentlichen Grund seiner Heilung: Weil du dich in deiner Not an mich gewandt hast, weil du Vertrauen zu mir gefasst hast, darum bist du gesund geworden, darum konnte ich dich heilen.

In den Heilungsgeschichten berichtet uns die Bibel von Menschen, die in der Begegnung mit Jesus Heilung erfahren haben. Jesus hat offensichtlich Vertrauen ausgestrahlt, sodass die Menschen den Mut fanden, sich mit ihren Krankheiten an ihn zu wenden.

Wenn wir die Heilungsgeschichten heute lesen, dann nicht, um interessante Einzelheiten aus dem Leben Jesu zu erfahren, sondern um selbst in der Begegnung mit Jesus heil zu werden. Alle Krankheiten, die Jesus geheilt hat, sind psychosomatischer Natur. Sie verdeutlichen, was auch in uns versteckt vorhanden ist:

Wir sind blind und verschließen die Augen vor unangenehmen Dingen. Wir sind gelähmt, wir trauen uns nicht, aus uns herauszugehen, auf andere zuzugehen. Wir sind taub, wir wollen nicht hören, was uns nicht passt. Wir haben kein Gespür für die Untertöne und Zwischentöne, für das, was der andere uns eigentlich sagen möchte. Wir sind stumm, unfähig zu echter Kommunikation. Wir finden keine Worte, die verbinden und Leben spenden. Wir sind aussätzig. Wir können uns selbst nicht annehmen, wir fühlen uns ausgestoßen, isoliert und trauen uns nicht, uns den anderen zuzumuten. Wir sind besessen von fixen Ideen, beherrscht von wirren Gedanken, die uns da treiben, uns selbst zu schaden. Wir sind tot, als Lebende starr geworden, kalt, ohne inneren Antrieb, hoffnungslos.

Vertrauen finden in Arbeit und Verantwortung

Der Glaube als Vertrauen entlastet uns auch in unserer Arbeit und in der Verantwortung, in der wir stehen. Ich übergebe Gott meine Arbeit und vertraue darauf, dass er sie benutzt, um Gutes zu schaffen.

Ich allein kann nicht bewirken, dass meine Arbeit Erfolg hat, dass die Entscheidungen alle richtig sind. Wenn ich mir über alle Folgen meiner Arbeit den Kopf zerbrechen würde, könnte ich nie zur Ruhe kommen. Der Glaube nimmt uns die Last, die uns die Verantwortung für andere aufbürdet.

Wenn wir etwa meinen, wir seien ganz allein für die richtige Entwicklung unserer Kinder verantwortlich, so leben wir immer in der Angst, dass die Kinder sich doch anders entwickeln, dass sie unsere Fehler mitbekommen und davon negativ beeinflusst werden. Wir haben natürlich keine Garantie, trotz aller religiösen Erziehung, dass die Kinder in die Kirche gehen und dem Glauben treu bleiben werden. Aber wir dürfen darauf vertrauen, dass sie nie aus der liebenden Hand Gottes fallen, und dass Gott sie auch über Umwege auf die richtige Bahn führen wird.

Die Angst überwinden

Eine Grunderfahrung des Menschen ist heute Angst. Es sind viele Ängste, die uns bedrängen: Angst vor der Zukunft, Angst vor Terror und Krieg, Angst vor Arbeitslosigkeit, Angst vor Versagen, Angst vor Krankheit und Tod, Angst vor der Sinnlosigkeit des Daseins.

In therapeutischen Gesprächen versuchen viele Psychologen, Menschen von ihren Ängsten zu befreien oder ihnen zu helfen, dass sie mit ihren Ängsten leben können. Doch ihr Bemühen stößt oft an Grenzen. Mit der Existenz des Menschen ist eine Grundangst verbunden, die auch von der Psychologie nicht aufgelöst werden kann.

Es ist die Angst, die durch seine Endlichkeit gegeben ist, die Angst, kein Recht für sein

Dasein zu haben, nicht in sich zu ruhen, sondern angewiesen zu sein auf einen anderen.

Diese Grundangst des Menschen kann keine Psychologie aufheben, sie kann nur in einem tiefen Vertrauen auf Gott überwunden werden, der der uns hält und uns den Grund unseres Daseins schenkt, der uns aus Liebe geschaffen hat und uns aus Gnade leben lässt.

Der Münchner Psychiater Fritz Riemann hat vier Grundformen menschlicher Angst beschrieben. Sein Werk über die Grundformen menschlicher Angst ist auch heute noch unübertroffen. Eugen Drewermann, der psychologische Einsichten für seine Theologie der Angst und des Vertrauens nutzbar gemacht hat, zeigt auf, dass diese Grundängste letztlich nur im Glauben überwunden werden können.

Die vier Grundängste kommen normalerweise nie isoliert in einem Menschen vor.

Dennoch ist es legitim, diese vier Grundformen einzeln zu beschreiben und sie bestimmten Typen von Menschen zuzuordnen.

Die erste Angst ist die Angst des hysterischen Menschen. Es ist die Angst vor der Haltlosigkeit des Daseins. Und diese Angst versucht der Mensch zu überwinden, indem er sich an vielem festhält: am Besitz, am Erfolg, vor allem aber an Menschen. Er klammert sich an einen geliebten Menschen und erwartet von ihm absolute Geborgenheit, absoluten Halt.

Aber dadurch gerät er nur noch mehr in Angst, weil er spürt, dass kein Mensch ihm absoluten Halt geben kann. Jeder ist sterblich, jeder hat seine Schwächen. Absolute Geborgenheit kann uns nur Gott schenken. Er trägt uns und hält uns. Aus seinen schützenden und liebenden Armen werden wir niemals fallen. Gott erfüllt uns unsere Sehnsucht nach absolutem Halt. Ein Mensch kann uns Zeichen sein für diese absolute Geborgenheit. Und nur wenn wir ihn als Zeichen und Mittler für Gottes unendliche Liebe sehen, können wir uns über die Geborgenheit, die er uns schenkt, freuen und sie ohne Angst genießen.

Die zweite Angst ist die Angst des zwanghaften Menschen. Es ist die Angst vor der Wertlosigkeit des Daseins. Und diese Angst versucht man zu überwinden, indem man sich seinen Wert selbst beweisen will, durch viel Arbeit, durch immer höhere Leistung, aber auch durch peinlich genaue Erfüllung aller religiösen Pflichten. Man will sich selbst und den anderen, ja auch Gott seinen Wert beweisen. Man will so auf sich aufmerksam machen, dass einen keiner mehr übersehen kann. Man will Gott gegenüber so gewissenhaft seine Pflicht tun, dass ihm gar nichts anderes übrigbleibt, als einen zu belohnen.

Doch auch mit dem größten Ehrgeiz können wir die Angst vor unserer Wertlosigkeit nicht überwinden. Im Gegenteil, wir spüren, dass uns unsere Leistung den anderen nicht näher bringt. Und wir merken, dass wir den Anspruch, immer perfekt und immer besser als die anderen sein zu müssen, nie erfüllen können. So treiben wir uns zu Höchstleistungen an und setzen uns dauernd unter Druck. Wir verspannen und verkrampfen uns.

Die Angst vor der eigenen Wertlosigkeit können wir nur durch den Glauben überwinden. Im Glauben erfahren wir, dass wir vor Gott wertvoll sind, ohne schon etwas geleistet zu haben, wertvoll einfach durch unser Sein, so wertvoll, dass Christus für uns gestorben ist, dass Gott sich um uns kümmert, ja dass er sogar, wie es in der Bibel heißt, Wohnung in uns nimmt.

Die dritte Angst ist die Angst des depressiven Menschen. Es ist die Angst vor der Schuldhaftigkeit des Daseins. Man hat das Gefühl, allein durch sein Dasein schon Schuld auf sich geladen zu haben. Und man entschuldigt sich dann ständig, dass man überhaupt am Leben ist, dass man den anderen die Zeit stiehlt, den Raum zum Leben, die Luft zum Atmen wegnimmt. Oder man versucht, diese Angst durch Übernützlichkeit zu ersticken. Aber auch das gelingt nicht. Man verausgabt sich, und irgendwann kann man nicht mehr und spürt, dass man das ganze Leben versäumt hat. Um die Schuld für sein Dasein abzutragen, hat man am Leben vorbeigelebt. Und so steht man völlig leer und ausgelaugt da.

Auch diese Angst kann uns nur der Glaube nehmen, der Glaube, dass wir aus Gnade leben, dass wir leben, weil Gott uns gewollt hat und uns aus Liebe, aus seinem Wohlgefallen heraus geschaffen hat. Wir glauben, dass Gott uns liebt, dass er Zeit für uns hat, dass er froh ist über unser Dasein. Diese Erfahrung des Glaubens befreit uns von aller Angst und vor den unnützen Schuldgefühlen, mit denen wir uns oft genug zerfleischen.

Wenn in mir manchmal solche lähmenden Schuldgefühle auftauchen, dann hilft mir der Satz aus dem 1. Johannesbrief:

Wenn das Herz uns auch verurteilt – Gott ist größer als unser Herz, und er weiß alles.
1 Johannes 3,20

Die letzte Angst ist die des schizoiden Menschen, der Angst hat vor tausend Dingen, die ihn bedrohen. Er hat Angst vor dem dunklen Keller, Platzangst, Angst vor vergifteter Nahrung, Angst vor Einbrechern, Angst vor einem Unfall. Ein Stück weit sind diese Ängste normal. Aber viele steigern sich in solche Ängste hinein.

Der Glaube befreit uns auch von dieser Angst. Er zeigt uns, dass uns im Grunde nichts passieren kann. Der Glaube zeigt uns, dass wir den Tod, der hinter all diesen Bedrohungen letztlich steckt, schon überwunden haben, dass wir schon jenseits der Schwelle leben.

Weil wir durch die Taufe schon teilhaben am ewigen Leben, kann uns auch der Tod nicht mehr von Gott trennen. Er kann uns nur noch tiefer in ihn hineintauchen. Weil wir schon in Gott wohnen, kann uns niemand mehr unser Haus zerstören.

Vertrauen kann wachsen

Die Frage ist, wie wir einen solchen Glauben, ein solches Vertrauen gewinnen können. Kann man sich das einfach vornehmen? Sicher nicht. Das Vertrauen kann jedoch wachsen, wenn wir uns bewusst immer wieder in die Begegnung mit Jesus hineinmeditieren.

Man kann sich den Glauben nicht einreden. Aber wir alle haben eine Ahnung in uns, dass solch ein Glaube befreien könnte. Die Meditation der biblischen Heilungsgeschichten lässt in uns diesen Glauben wachsen. Wir müssen uns nur mit dem Kranken identifizieren und uns immer wieder sagen:

Das bin ich, und dieser Jesus ist heute lebendig, er begegnet mir in der Eucharistie leibhaftig. Er schaut mich an, er traut mir etwas zu. Ich lasse ihn an mir handeln, ich lasse mich auf die Begegnung mit ihm ein. Ich lasse zu, dass er mich annimmt, dass er mich berührt und seine Kraft und seine Lebendigkeit in mich einströmen lässt.

Segen tut
der Seele gut

Das deutsche Wort »segnen« kommt von zwei lateinischen Worten: von *signare* und *secare*. *Signare* heißt: bezeichnen. *Signum* ist das Zeichen – die Kirchensprache meint damit immer das Kreuzzeichen.

Und *secare* heißt: ritzen, schneiden. Die frühen Christen bezeichneten sich schon im ersten Jahrhundert mit dem Kreuzzeichen. Und manche tätowierten sich das Kreuz auf die Stirn. Manche jungen Menschen tätowieren sich heute negative Bilder ein. Sie tun ihrer Seele nicht gut. Die frühen Christen sahen im Kreuz ein Schutzzeichen gegen alles Böse und ein Zeichen von Gottes Liebe, die alles in ihnen berührt und verwandelt.

Das Kreuz war für die frühen Christen nicht so sehr ein Symbol für das Leiden Christi. Vielmehr übernahmen sie die Deutung des Johannesevangeliums, in dem der Tod Jesu am Kreuz die Vollendung der Liebe ist. Das Kreuz ist ein Zeichen dafür, dass Jesus uns bis zur Vollendung geliebt hat, dass er alles in uns liebt.

Das Kreuz ist ein Bild für die Gegensätze in uns, an denen wir oft genug leiden. Wenn ich mich mit dem Kreuz bezeichne, dann bekenne ich, dass alles Gegensätzliche in mir von Gottes Liebe berührt ist. Es gibt nichts, was von Gottes Liebe ausgeschlossen ist. Durch das Zeichen des Kreuzes vergewissere ich mich leibhaft der Liebe Gottes.

Das große Kreuzzeichen geht von der Stirn bis zum Unterbauch und von der linken Schulter zur rechten. Ich zeichne die Liebe Gottes in meine Stirn, damit mein Denken nicht kalt und berechnend ist, sondern von Liebe durchdrungen.

Der Unterbauch steht für die Vitalität und Sexualität. Auch in diesen Bereich zeichne ich die Liebe Gottes hinein. Es gibt nichts in mir, was nicht von Gottes Liebe angenommen und erfüllt ist. Und ich drücke in dieser Gebärde die Hoffnung aus, dass Gottes Liebe meine oft mit Besitzenwollen vermischte Liebe verwandle und reinige.

Die linke Schulter bezeichnet einmal das Unbewusste, dann das Weibliche in mir, und auch das Herz, den Sitz der Liebe, das Zentrum der Person. Die rechte Schulter ist Bild für das Bewusste, für das Männliche und für das Handeln.

Mit dem Kreuzzeichen segne ich alle Bereiche meines Leibes und meiner Seele. Der Segen Gottes, der am Kreuz am deutlichsten offenbar geworden ist, durchdringt alles in mir, das Denken, die Vitalität und Sexualität, das Unbewusste und Bewusste, das Helle und das Dunkle.

Im Kreuzzeichen mache ich mir immer wieder bewusst, dass ich von Gott gesegnet und gehalten bin. Ich darf mich selbst segnen, weil Gott alles in mir unter seinen Segen gestellt hat.

Im Anschluss an ein Gebet aus der syrischen Kirche verbinde ich das Kreuzzeichen gerne mit folgenden Worten:

Im Namen des Vaters,
der mich ausgedacht und gebildet hat,
und des Sohnes,
der hinabgestiegen ist in meine Menschlichkeit,
und des Heiligen Geistes,
der das Linke zum Rechten wendet.

Im Kreuzzeichen erfahre ich den Segen, der mir durch die Schöpfung und durch die Menschwerdung und Erlösung in Jesus Christus zuteil wird. Und ich erfahre, dass ich hin-

Im Kreuzzeichen mache ich

mir immer wieder bewusst,

dass ich von Gott gesegnet

und gehalten bin.

eingenommen bin in das Leben und die Liebe des dreifaltigen Gottes. So wie Gott dreifaltig ist, so gibt es auch in mir drei Bereiche, in die Gott eindringen möchte: den Geist, die Seele und den Leib. Ich erlebe Gott als den Vater, der mich erschaffen hat und der mir einen kreativen Geist gegeben hat, damit ich selbst schöpferisch bin. Ich erlebe den Sohn als den, der vom Himmel herabsteigt und sich – so zeigt es uns Johannes in der Fußwaschung – bis in den Staub der Erde hinabbeugt, um mich gerade an meiner verwundbarsten Stelle zu heilen.

Das Kreuzzeichen ermutigt mich, mit Christus selbst hinabzusteigen in meine eigene Menschlichkeit mit ihren Trieben und Begierden. Nur so kann das Triebhafte verwandelt werden. Und ich erlebe den Heiligen Geist als den, der das Zerrissene und Gespaltene in mir verbindet, der das Herz mit dem Handeln verbindet, das Unbewusste mit dem Bewussten, das Männliche mit dem Weiblichen, das Starke mit dem Schwachen, das Erfolgreiche mit dem Erfolglosen. Der Heilige Geist macht mir Mut, alles in mir anzunehmen und nichts abzuspalten.

Eine andere Form des Kreuzzeichens wird in der Liturgie vor dem Evangelium praktiziert. Ich zeichne mit dem Daumen das Kreuz auf meine Stirne, auf meinen Mund und auf meine Brust. Ich drücke damit aus, dass das Wort Gottes zum Segen wird für mein Denken, dass es mein eigenes Reden prägt und tief in mein Herz eindringt.

Wenn Personen sich einander segnen, tun sie es oft, indem sie sich gegenseitig das Kreuz auf die Stirn zeichnen. In vielen Haushalten ist es noch üblich, in das Brot, das man anschneidet, ein Kreuz zu ritzen. In der frühen Kirche hat man das Werkzeug mit diesem Kreuzzeichen versehen und alle Gegenstände, die einem wichtig waren.

In der Liturgie ist die übliche Weise des Segnens, dass man das Kreuzzeichen macht. Wenn der Priester am Schluss der Eucharistiefeier den Segen spendet, dann zeichnet er mit seinen Händen ein Kreuz über die Gemeinde.

Übung

Beginnen Sie den Morgen mit dem großen Kreuzzeichen. Stellen Sie sich aufrecht hin und berühren Sie ganz bewusst und achtsam mit Ihrer rechten Hand die Stirn. Lassen Sie die Liebe Gottes heute in Ihr Denken hineinfließen.

Dann gehen Sie mit Ihrer Hand nach unten, legen Sie sie auf Ihren Unterbauch. Lassen Sie die Liebe Gottes in Ihre Kraft, in Ihre Vitalität und Sexualität hineinströmen. Stellen Sie sich dabei vor, dass Gott Ihre Kraft stärkt und zugleich reinigt, damit sie durchlässig wird für seinen Geist.

Dann legen Sie Ihre Hand auf die linke Schulter. Lassen Sie die Liebe Gottes in Ihr Unbewusstes hineinfließen, in die Bilder, die tief in Ihrem Unbewussten

schlummern. Stellen Sie sich vor, dass
Gottes Liebe all das innere Chaos Ihrer
Seele ordnet, das Dunkle erhellt und
die krankmachenden Bilder heilt. Sie
können sich auch vorstellen, dass Gottes
Liebe in Ihre weibliche Seite strömt.
Jeder von uns hat auch eine weibliche,
eine zärtliche, eine empfangende Seite.
Das Weibliche kann Geborgenheit
schenken. Es kann aber auch festhalten.
Es bringt das Leben zum Wachsen,
ist eine starke, werdende Kraft, es
kann es aber auch ersticken. Wenn die
weibliche Seite in uns von Gottes Liebe
durchdrungen wird, dann wird sie zum
Segen – für die Menschen und für Sie
selbst. Lassen Sie die Liebe Gottes auch
in Ihr Herz strömen, damit es von der
Glut der göttlichen Liebe warm wird.

Dann legen Sie Ihre Hand auf die rechte
Seite. Lassen Sie die Liebe Gottes in
Ihre bewusste Seite strömen: in Ihr

Handeln, in Ihre Kraft und in Ihre
Entscheidungen. Die rechte Seite ist die
männliche Seite. Sie kann befruchten,
sie kann aber auch tyrannisieren. Sie
kann entscheiden, aber auch alles
bestimmen. Wenn Gottes Liebe in Ihre
männliche Seite strömt, dann wird sie
zu einer Kraft, die etwas Gutes bewegt,
die andere stützt und fördert und die
etwas gestaltet und formt.

Im Kreuzzeichen berührt Sie Gottes
Liebe. So können Sie sich ganz und
gar von Gottes Liebe angenommen
und durchdrungen fühlen. Aber im
Kreuzzeichen sagen Sie auch »ja« zu
sich selbst. Sie nehmen sich ganz und
gar an, weil alles in Ihnen von Gottes
Liebe angenommen, berührt und
durchströmt ist.

Das Wort schafft eine Wirklichkeit

In der christlichen Tradition wird der Segen immer mit einem Wort verbunden. Das griechische (*eulogein*) und das lateinische (*benedicere*) Wort für Segnen meint: Gutes sagen, gut vom anderen sprechen, Gutes zusagen. Die Worte, die wir mit einem Segen verbinden, müssen daher gut gewählt sein.

Es gibt viele vorformulierte Segensworte. Sie passen für Gelegenheiten, für die sie gedacht sind. Und oft haben sie eine große Kraft in sich. Es ist gut, den Segen mit diesen vorgegebenen Worten zu spenden.

Doch manchmal braucht es auch eigene persönliche Worte, um zu segnen. Das gilt vor allem dann, wenn ich einen Menschen in einer ganz bestimmten Situation segne. Das Wort schafft Beziehung zum anderen. In den Segensworten spreche ich diesem konkreten Menschen zu, was Gott ihm schenken möge, wie Gott ihn sieht und was er für Gott bedeutet.

Segnen ist mehr als Fürbitte. Segnen ist Zusage: »Du bist von Gott geliebt. Gott schätzt dich. Du bist vor ihm wertvoll und kostbar.« Beim Propheten Jesaja sagt Gott dem Volk Israel zu – und dieses Wort gilt für jeden einzelnen, den wir segnen:

Weil du in meinen Augen teuer und wertvoll bist und weil ich dich liebe, gebe ich für dich ganze Länder und für dein Leben ganze Völker.
JESAJA 43,4

Das Segenswort tut der Seele gut. Es soll all die verletzenden Worte verdrängen, die wir im Laufe unseres Lebens gehört haben. Wenn die Worte beim Segnen sorgfältig gewählt werden, dann kommt der Gesegnete nicht auf die Idee, Segen sei etwas Magisches. Er spürt, dass sich im Segen Gott selbst gnädig zu ihm herabbeugt, dass Gott seine gute Hand über ihn hält und ihm Worte der Liebe, der Ermutigung, der Bestärkung, der Hoffnung zuspricht. In den Worten kann Gottes Segen in das Herz des Menschen eindringen.

Ich erlebe manchmal, wie Menschen zu weinen beginnen, weil sie die Worte berühren, die ich ihnen zuspreche. Ich weiß, dass es nicht an meiner Fähigkeit liegt zu formulieren. Wenn ein Wort den anderen trifft, ist es immer Geschenk. Es ist nie mein Verdienst. Es ist immer Gnade. Und ich bin dann selbst dankbar, weil ich in diesem Augenblick ganz durchlässig sein durfte für Gottes Gnade und sie nicht mit meinen Nebenabsichten verdunkelt habe.

Auch die Segensworte, die wir über Gegenstände sprechen, wollen gut ausgewählt sein. Die Liturgie kennt sehr schöne Segensworte, wie etwa den Segen über dem Wasser in der Osternacht, der die Bedeutung des Wassers für den Menschen gut zum Ausdruck bringt.

Man hat in einem Experiment untersucht, wie Worte die Struktur der Kristalle im Wasser verwandeln. Negative Worte können sie durcheinanderbringen, segnende, gute, wohlwollende und liebende Worte dagegen schaffen wunderbare Strukturen.

Die Segensworte wirken, auch wenn wir nur schwer verstehen, wie Worte die Materie verändern können. Das gesegnete Wasser, die gesegneten Gegenstände tun der Seele gut.

Das ist keine Magie, sondern Ausdruck des Glaubens an das heilschaffende Wort Gottes.

Die Worte, mit denen wir eine Kerze, ein Kreuz, einen Ring, ein Auto, ein Haus segnen, sollen den Sinn, der in den einzelnen Dingen liegt, aufleuchten lassen. In den Segensworten kommt zum Ausdruck, dass Gott diese Welt als gut geschaffen hat und uns gute Dinge schenkt. In den Dingen erweist er uns seine Zuwendung, lässt er uns seine zärtliche und fürsorgende Liebe erfahren.

In der Kerze lässt er uns spüren, dass er Licht bringt in unsere Dunkelheit und Wärme in unsere Kälte. Im Ring weist er uns hin auf die Treue, mit der er sich an uns gebunden hat. Im Haus verheißt er uns, dass wir bei ihm zu Hause sein dürfen.

In der Menschwerdung Gottes in Jesus Christus hat Gott allen Dingen eine neue

Würde verliehen. Jesus selbst spricht sein Wesen in Bildworten aus. Er sagt von sich, dass er der wahre Weinstock ist. Wenn wir den Weinstock mit glaubenden Augen betrachten, erkennen wir in ihm das Wesen unserer Existenz, wie sie durch Jesus Christus geworden ist. Alle Dinge werden für uns zum Bild des Heils, das Gott an uns in Jesus erwiesen hat.

In der Hand berührt
dich Gott

Die christliche Tradition kennt zwei Grundgebärden des Segnens: das Kreuzzeichen und die Handauflegung. Beide Gebärden werden mit der Hand ausgeführt. Die Hand ist seit jeher für den Menschen von großer Bedeutung. Mit der Hand handeln wir, formen und gestalten wir. Mit der Hand packen wir die Dinge und Aufgaben an. Wir berühren einander mit der Hand. Wir drücken unsere Liebe aus, indem wir einander zärtlich streicheln.

Unsere Hand kann aber auch verletzen, wenn wir einen anderen festklammern, ihn auf ein bestimmtes Bild festnageln oder ihm die Hand verweigern. Wenn wir mit der

Hand segnen, wäre es wichtig, dass wir ganz in unseren Händen sind, dass wir den anderen behutsam und achtsam, zärtlich und liebevoll berühren.

Wenn Jesus einzelne Menschen gesegnet hat, hat er ihnen die Hände aufgelegt. Die Handauflegung ist eine sehr eindrückliche Gebärde. In ihr vermittle ich dem anderen, dass Gott selbst seine Hand über ihn hält, dass er geschützt und geborgen ist. Ich lege die Hände auf den Kopf.

Für die Inder öffnet das Kopf-Chakra den Menschen für das Göttliche. Im Segen strömt Gottes Geist in den anderen ein. Die Hände sind seit jeher das Organ, mit dem ich Gottes Kraft und Gottes Liebe einem anderen vermittle.

Für mich selbst erlebe ich die Handauflegung als eine sehr persönliche und intime

Geste. Ich spüre die Wärme des anderen. Und manchmal erahne ich, dass da jetzt im anderen etwas Heilendes strömt.

Ich kann die Hände schweigend auflegen oder auch mit Worten verbinden. Aber auch wenn ich dabei spreche, ist es für mich wichtig, einige Augenblicke die Hände nur schweigend über dem anderen zu lassen. Was in ihm geschieht, lässt sich letztlich nicht mit Worten ausdrücken. Es ist ein Geheimnis. Es braucht das Schweigen, damit der unbegreifliche und unaussprechliche Gott selbst am anderen handelt.

Wenn ich die Hände auflege, bereite ich mich innerlich vor. Ich versuche, ganz in der Gebärde zu sein und dabei alle eigenen Bedürfnisse und Nebenabsichten loszulassen, damit ich durchlässig bin für Gottes heiligen und heilenden Geist. Dann erlebe ich die Gebärde auch für mich als etwas Heiliges.

Ich erfahre mich in dieser Geste als den Kanal, durch den Gottes Liebe rein zum anderen strömen möchte, ohne von meinen eigenen Emotionen verunreinigt zu werden. Lukas schildert uns noch eine andere Weise, wie Jesus gesegnet hat. Er schließt sein Evangelium mit den Worten:

Dann führte er sie hinaus in die Nähe von Betanien. Dort erhob er seine Hände und segnete sie. Und während er sie segnete, verließ er sie und wurde zum Himmel emporgehoben; sie aber fielen vor ihm nieder. Dann kehrten sie in großer Freude nach Jerusalem zurück.
LUKAS 24,50–52

Diese Segensgebärde Jesu wiederholt der Priester beim feierlichen Segen am Schluss der Eucharistie. Dabei gibt es zwei verschiedene Gebärden: Ich erhebe die Hände und stelle mir vor, wie der Segen durch meine Hände zu

den Menschen strömt. Diese Gebärde ist ur-
alt. Die Darstellungen gehen 10.000 Jahre
zurück. Es ist auch die Segensgebärde, mit der
ich morgens den Segen zu den Menschen sen-
de, die mir wichtig sind.

Die andere Gebärde ist das Ausbreiten der
Hände über die anderen. Es ist wie bei der
Handauflegung. Aber nun lege ich sie gleich-
sam allen Versammelten auf und rufe Gottes
Segen auf sie herab.

Lukas beschreibt in seinem Evangelium die
Wirkung dieses Segens auf die Jünger. Sie fallen nieder und kehren in großer Freude nach
Jerusalem zurück. Sie erfahren den Segen als
etwas Heiliges, vor dem sie in die Knie gehen.

In vielen Gemeinden ist es heute noch üblich,
beim Segen niederzuknien. Es ist eine Gebärde der Ehrfurcht vor dem, was Gott an ihnen
tut. Und es heißt bei Lukas, die Jünger kehren

voll Freude in ihren Alltag zurück. Der Segen ruft in ihnen Freude hervor, die Gewissheit, dass ihr Leben gelingt und Frucht bringt, und das Vertrauen, dass sie in Gottes guter Hand sind, von ihr geschützt und getragen.

Der barmherzige und gute Gott segne dich.
Er umhülle dich mit seiner liebenden und
heilenden Gegenwart.
Er sei mit dir, wenn du aufstehst und dich
niederlegst.
Er sei bei dir, wenn du aus dem Haus gehst
und wenn du wieder zurückkehrst.
Er sei mit dir, wenn du arbeitest.
Er lasse dein Werk gelingen.
Er sei mit dir in jeder Begegnung
und öffne dir die Augen für das Geheimnis,
das dir in jedem Gesicht aufleuchtet.
Er behüte dich auf all deinen Wegen.
Er stütze dich, wenn du schwach wirst.
Er tröste dich, wenn du dich einsam fühlst.
Er richte dich auf, wenn du gefallen bist.
Er erfülle dich mit seiner Liebe,
mit seiner Güte und Milde,
und er schenke dir inneren Frieden.
Das gewähre dir der gute Gott,
der Vater, der Sohn und der Heilige Geist.
Amen.

Schlussgedanken

Jeder Baum braucht gesunde Wurzeln. Und jeder Mensch braucht Wurzeln, damit sein Leben gelingt.

Gerade in einer Zeit immer größer werdender Mobilität und Freiheit sehnen wir uns nach Wurzeln, die uns tragen und die uns Halt und Festigkeit mitten in der Unbeständigkeit unserer Zeit geben. Jeder Mensch hat solche Wurzeln. Doch es ist unsere Aufgabe, sich unserer Wurzel bewusst zu werden.

Wer seine eigenen Wurzeln entdeckt und sie meditiert, der kommt in Berührung mit seiner eigenen Identität, der findet seine Mitte. Er steht dann so fest verwurzelt in seiner Geschichte, dass er durch die Stürme des Lebens nicht so schnell Schaden erleiden wird. Er wird durch einen Umzug an einen neuen Wohnort nicht entwurzelt.

Denn er hat seine Wurzeln in sich selbst. Diese Wurzeln kann ihm niemand rauben. Sie sind in ihm. Sie graben sich überall dort, wo er sich niederlässt, in die Erde ein. Sie lassen ihn teilhaben am Strom des Lebens. Sie schenken ihm den Lebenssaft, den er braucht, damit sein Leben gelingt und damit er die Herausforderungen des Lebens bewältigen kann.

Wie die Natur brauchen auch wir immer wieder Zeiten des Rückzugs, damit wir die Wurzeln unseres Lebens entdecken. Und es braucht Zeiten der Stille, in denen wir unsere Wurzeln in Ruhe lassen, damit sie sich tiefer in das Erdreich eingraben und dort die heilende Kraft der Mutter Erde in sich einziehen können.

Die ruhigen und dunklen Monate im Jahreskreis laden uns ein, uns unseren Wurzeln besonders zuzuwenden und sie zu meditieren. Die Wurzel trägt uns, so sagt uns der heilige Paulus:

Nicht du trägst die Wurzel,
sondern die Wurzel trägt dich.
Römer 11,18

Wer sich seiner Wurzel bewusst wird, dessen Leben wird fruchtbar – für ihn selbst und für andere Menschen. Er wird die Frucht, die aus der Wurzel wächst, auch mit anderen teilen, sodass er mit seinem Lebensbaum zum Segen für andere wird.

Die Wurzeln müssen gepflegt werden. In der Natur begießen wir die Wurzeln. Wir graben das Erdreich auf und lockern sie. Wir düngen die Erde, damit die Wurzeln genügend Kraft aus der Erde ziehen können. Das gilt auch für unser Leben. Die Zeit zwischen dem 1. November und dem 2. Februar ist die Zeit, in der wir unsere Wurzeln pflegen, in der wir ihnen unsere ganze Liebe zuwenden.

Der November lädt uns ein, uns den Verstorbenen zuzuwenden, um in ihnen unsere Wurzeln zu finden. Das Fest Allerheiligen erinnert uns an unsere Namen, die uns mit den Wurzeln unserer eigenen Seele in Berührung bringen.

Der Dezember als Zeit des Advents entfacht in uns die Sehnsucht, die schon unsere Vorfahren in ihren Adventsliedern und Adventsritualen zum Ausdruck gebracht haben. Der Advent fordert uns auf, bei uns selbst und bei unseren Wurzeln anzukommen. An Weihnachten feiern wir das göttliche Kind, das in uns geboren wird. Es zeigt uns, dass unsere tiefste Wurzel in Gott hineinreicht. Diese göttliche Wurzel will in der Weihnachtszeit bedacht werden, damit sie in uns immer stärker wird.

Die Weihnachtszeit endet dann an Mariä Lichtmess, oder – wie es der liturgische Kalender heute ausdrückt – am Fest der Darstellung des Herrn am 2. Februar. An diesem Fest werden nochmals weihnachtliche Kerzen gesegnet und wir machen eine Prozession mit den brennenden Kerzen durch die dunkle Kirche. Wir drücken damit aus, dass das Licht von Weihnachten nun auch unseren Alltag erhellen wird.

Das Licht von Weihnachten ist so tief in unsere Dunkelheit eingedrungen – und die göttliche Wurzel, die Gott uns in der Menschwerdung seines Sohnes geschenkt hat, hat unsere menschlichen Wurzeln so sehr gereinigt –, dass wir jetzt im ganzen Jahr die heilende Kraft unserer Wurzeln entfalten dürfen. Jetzt erfahren wir an den Festen des Osterfestkreises, wie die Wurzeln neues Leben hervorbringen, wie sie alles Erstarrte lebendig machen.

An Pfingsten kommt die Blüte, die aus der Wurzel entspringt, zur Entfaltung. Jetzt blüht das Leben so auf, dass es nicht mehr besiegt werden kann. Denn es ist das göttliche Leben des Heiligen Geistes, das unerschöpflich ist.

So wünsche ich Ihnen, liebe Leser, liebe Leserinnen, dass Sie mit Ihren Wurzeln in Berührung kommen, dass Sie Ihre Wurzeln suchen und finden, sie reinigen und klären und sie mit göttlichem Leben erfüllen lassen.

Ich wünsche Ihnen, dass die dunklen Monate Ihre Wurzeln so stärken, dass das Jahr für Sie eine Zeit der Blüte wird, dass in Ihnen immer mehr das herrliche, kraftvolle und gesundmachende Leben Gottes aufblüht und zum Segen wird – für Sie selbst und für die anderen Menschen.

In gleicher Ausstattung sind von Anselm Grün
in dieser Reihe bisher erschienen:

Alles Gute zum Geburtstag

Auf der Suche nach dem inneren Gold

Das Geheimnis der Begegnung

Du bist ein Engel für mich

Du wirst gehalten

Ein Licht auf deinem Weg

Freu dich am Leben

Ich wünsch dir einen Freund

Leben aus der Stille

Verschenke dein Herz

Wage den Neuanfang

Vier-Türme-Verlag
Schweinfurter Straße 40, 97359 Münsterschwarzach
Tel. 09324 / 20 295, Fax: 09324 / 20 495
Bestellmail: info@vier-tuerme.de
www.vier-tuerme-verlag.de